W0326762

le livre de

....

Conception graphique : Raphael Hadid. Éditrice : Claire Cagnat.
ISBN : 978-2-401-05318-2
© Éditions Hatier, 8 rue d'Assas, 75006 Paris, 2019.
Tous droits de reproduction, de traduction et d'adaptation réservés pour tous pays.
Loi n°49 956 du 16 juillet 1949 sur les publications destinées à la jeunesse.
Dépôt légal 05318 2/ 01 – Octobre 2019. Imprimé en Chine par l'intermédiaire de PAPERSONG (info@paper-song.com). Ne peut être vendu séparément.

Le croqueur de fleurs

Marie-Hélène Place
Illustré par
Christine Davenier

Hatier jeunesse

Victoria arrose
les fleurs.

L'arroseuse de fleurs
a un admirateur.

Le lama curieux habite
la ferme d'à côté.

Il renifle les iris.

« Malheur ! » crie Victoria
qui veut être boxeuse
plus tard.

Le lama recule d'un pas.

Puis il croque la fleur
bleue du milieu.

« Oh, l'affreux lama ! »
dit Victoria.

Les deux frères de Victoria,
Valère et Malo, assis sur
le tracteur, répètent :

« L'affreux lama ! L'affreux lama ! »

Victoria rit.
Elle arrose Malo et Valère.
Le lama est heureux !

le livre de

....

Conception graphique : Raphael Hadid. Éditrice : Claire Cagnat.
ISBN : 978-2-401-05318-2
© Éditions Hatier, 8 rue d'Assas, 75006 Paris, 2019.
Tous droits de reproduction, de traduction et d'adaptation réservés pour tous pays.
Loi n°49 956 du 16 juillet 1949 sur les publications destinées à la jeunesse.
Dépôt légal 05318 2/ 01 – Octobre 2019. Imprimé en Chine par l'intermédiaire
de PAPERSONG (info@paper-song.com). Ne peut être vendu séparément.

Le gardien de Mars

Marie-Hélène Place
Illustré par
Christine Davenier

Hatier jeunesse

Malo est assis sur
l'herbe avec Sartre.

Il regarde Adrien,
le gardien du parc,
qui siffle fort.

Valère, le frère de Malo,
lit à côté de lui.

Il a quatre années de
plus que Malo. Valère,
plus tard, sera comédien.

Malo adore réfléchir
à ce qu'il fera plus tard :
roboticien ?

musicien ?

magicien ?

Il rêve d'être gardien
du parc comme Adrien,
même s'il se dit
que comédien, c'est bien.

Peut-être qu'il habitera sur
la planète Mars ? Alors il
sera gardien martien !

Sur Mars, il n'y a rien,
pas d'herbe, pas de fleur,
ni de bête.

Alors il gardera les cratères.
Il y sèmera des salades
puis il les arrosera.

Il sera gardien martien
végétarien !

le livre de

....

Conception graphique : Raphael Hadid. Éditrice : Claire Cagnat.
ISBN : 978-2-401-05318-2
© Éditions Hatier, 8 rue d'Assas, 75006 Paris, 2019.
Tous droits de reproduction, de traduction et d'adaptation réservés pour tous pays.
Loi n°49 956 du 16 juillet 1949 sur les publications destinées à la jeunesse.
Dépôt légal 05318 2/ 01 – Octobre 2019. Imprimé en Chine par l'intermédiaire de PAPERSONG (info@paper-song.com). Ne peut être vendu séparément.

Le foin de Novarina

Marie-Hélène Place
Illustré par
Christine Davenier

Hatier jeunesse

Valère va à la cabane
de Novarina.

Il donne du foin à l'âne.
Novarina adore le foin.

Il n'y a plus de foin !
Valère tapote du poing
sur la barrière.

Novarina lève la tête.

Valère lui donne un coing
qu'il a ramassé.

Novarina attrape avec soin
le coing que lui donne Valère.

Valère lui dit : « Novarina,
tu es le plus joli petit goinfre
de la Terre ! »

L'âne se vexe.
Il part loin... derrière
le coin de la cabane.

Valère rit. Il tapote du
poing sur la barrière.

Novarina sort la tête
de derrière la cabane...

Il rejoint Valère
et croque le coing !